AF595268

L'ORACLE,

COMÉDIE,

EN UN ACTE ET EN PROSE.

Le prix est de vingt-quatre sols.

Saint-Foix

A PARIS,
Chez PRAULT, petit fils, Libraire, Quai des Augustins,
la deuxieme Boutique au-dessus de la rue Gilles-Cœur,
à l'Immortalité.

M. DCC. LXVI.
AVEC PERMISSION.

ACTEURS.

LA FÉE Souveraine.

ALCINDOR, fils de la Fée.

LUCINDE, jeune Princesse, aimée d'Alcindor.

La Scene est dans le Palais de la Fée.

L'ORACLE,

COMÉDIE.

SCENE PREMIERE.

LA FÉE, ALCINDOR.

LA FÉE.

N vérité, mon fils, vous êtes bien insupportable.

ALCINDOR.

Mais, ma mere.....

LA FÉE.

Mais, mon fils, d'où venez-vous?

ALCINDOR.

D'admirer tout ce que la nature a jamais formé de plus beau.

LA FÉE.

De voir Lucinde?

ALCINDOR.

Assoupie par la chaleur du jour, elle dormoit sur un lit de roses....

LA FÉE.

Vous a-t-elle vû ?

ALCINDOR.

Eh ! Madame, je vous dis qu'elle dormoit. Un de ses beaux bras étoit passé sous sa tête ; l'autre, étendu du côté où j'étois, sembloit chercher des fleurs qui naissent autour d'elle : quelque songe agréable l'agitoit & peignoit son teint de couleurs vives & mêlées : dans mon ravissement, il sembloit à mon cœur que mes yeux étoient trop lents à lui porter tout le plaisir qu'ils goûtoient ; je n'ai pas été le maître de mon transport....

LA FÉE.

Mon fils !

ALCINDOR.

J'ai pris une de ses belles mains, que j'ai baisée avec une ardeur.... Mais à un mouvement qu'elle a fait, croyant qu'elle s'éveilloit, je me suis vîte retiré sans qu'elle m'ait apperçu. Madame, il est inutile que vous me commandiez de différer encore quelque tems à me présenter devant elle ; je ne pourrois vous obéir. Je l'aime, je l'adore, je veux la voir, le lui dire, m'en faire aimer, ou mourir à ses pieds.

LA FÉE.

Mon art est bien puissant ; je suis la Fée souveraine ; je puis en un inſtant bâtir des Palais, exciter des tempêtes, & changer un lieu charmant en un déſert affreux ; mais je vois qu'il eſt au-deſſus de mon pouvoir de gouverner un jeune fou à qui l'amour tourne la tête. Eh bien ! mon fils, perdez-vous, perdez Lucinde, & détruiſez par votre imprudence les meſures que j'ai priſes juſqu'à préſent pour aſſurer votre bonheur avec elle.

ALCINDOR.

Mais quelles raiſons avez-vous pour ne vouloir pas qu'elle me voye ?

LA FÉE.

Apprenez-les donc enfin. Au moment de votre naiſſance, je fis conſulter l'Oracle ſur votre deſtinée.

» Le fils de la Fée Souveraine, répondit-il,
» eſt menacé de grands malheurs ; mais il les évi-
» tera, & ſera même heureux, s'il peut ſe faire
» aimer d'une jeune Princeſſe qui le croira ſourd,
» muet & inſenſible.

ALCINDOR.

Sourd, muet & inſenſible !

LA FÉE.

Jugez, mon fils, par la tendreſſe que j'ai pour vous, combien cette réponſe m'affligea : cependant, à force d'y méditer, j'eſpérai, en prenant certaines meſures, de détourner les malheurs qui vous menaçoient, & de voir même l'accompliſſement de l'Oracle, quelque impoſſibilité qu'il y parût.

ALCINDOR.

Je n'ai pas, Madame, la même confiance que vous dans la bizarrerie du goût des femmes, & je ne croirai jamais....

LA FÉE.

Ecoutez-moi. Au moment que vous vîtes le jour, naquit aussi une Princesse, fille d'un Roi voisin de cette Isle. (C'est votre Lucinde.) Je l'enlevai, & la transportai dans ce Palais, inaccessible à tous les Humains. Elle y a été élevée, & servie par des Statues, & n'y a vu que des Figures insensibles, ausquelles, par la puissance de Féerie, j'imprimois toutes sortes de mouvemens : j'ai souvent même affecté de prendre le cizeau, de tailler en sa présence un bloc de marbre, de lui donner une forme, & l'animant ensuite d'un coup de baguette, c'étoit aussi-tôt un petit chien qui jappoit après elle, ou un singe qui l'amusoit par ses grimaces & ses sauts. Enfin j'ai tâché de parvenir à lui persuader qu'elle & moi sommes les deux seuls Etres qui parlent, qui pensent, qui connoissent & qui raisonnent ; & que tous les autres, formés uniquement pour nous servir ou pour nous amuser, sont absolument insensibles, sans connoissance, & incapables également d'amour & de haine, de douleur & de plaisir.

ALCINDOR.

Quel a été, & quel est le but de tous ces faux préjugés où vous avez élevé son enfance?

LA FÉE.

De lui faire croire, en vous présentant à elle...

ALCINDOR.

Ah! jentends ; que je ne ſuis qu'une Poupée, une Marionette organiſée au-deſſus des tailles ordinaires. Cette idée me divertit, & peut réuſſir. Pſiché ne voyoit point l'Amour ; elle le croyoit un Monſtre ; cependant elle l'aimoit. L'imagination ſéduite par vos preſtiges, Lucinde me croira tel que l'Oracle exige qu'elle me croye, c'eſt-à-dire, n'ayant une bouche & des yeux que pour l'agrément ; cependant elle m'aimera : on peut tromper la raiſon, mais jamais le ſentiment : ſon cœur recevra de la nature des avis qu'elle goûtera ſans les comprendre, & qu'elle ſuivra par inſtinct, comme l'abeille va cueillir le parfum des fleurs. Cette intelligence, cette chaîne, cette force ſympathique des cœurs agira .... oui, Madame, elle m'aimera, & je ſerai dans ce jour le plus heureux des Mortels. Allons la trouver : vous pouvez me préſenter à elle, & compter que, puiſque l'intérêt de mon amour l'exige, je ſuis une Statue, une vraie Statue, ... un marbre inſenſible.

LA FÉE.

Il n'eſt pas encore tems que vous paroiſſiez : j'apperçois Lucinde, retirez-vous vîte, & paſſez par ce cabinet. Dans la converſation que nous allons avoir enſemble, je vais préparer les choſes & tâcher de les amener à votre ſatisfaction.

ALCINDOR.

Un mot. Quand elle badine avec ſon chien, il la careſſe ; ne pourrai-je pas auſſi, ſi elle badine avec moi? ....

LA FÉE.

Bon ! voilà l'homme de marbre.

Le faisant sortir.

Sortez-donc, nous verrons ; sortez-donc.

SCENE II.

LA FÉE, LUCINDE.

LUCINDE *entre, en rêvant profondément.*

CE n'est point une illusion, ... ce n'est point un songe ; il avoit la bouche collée sur ma main.

LA FÉE.

Que dites-vous, Lucinde ?

LUCINDE.

Ah ! .... je ne vous voyois pas.

LA FÉE.

Il avoit la bouche collée sur votre main ? Eh ! qui ?

LUCINDE.

Je ne sçais. Il a disparu comme un éclair ; mais il semble qu'en baisant ma main il y ait imprimé un trait de flamme qui, depuis ce moment, agite mon cœur.... Oui, depuis ce moment, je ne suis plus la même, inquiéte, rêveuse, je cherche.... Eh quoi ? Je ne puis me l'expliquer. Il semble que je respire un autre air. Toute la nature me paroît plus riante, plus animée.... Quelle union, quelle tendresse, ma Bonne, je viens d'admirer dans deux petits oiseaux! Ils étoient sur une même branche; ils chantoient l'un à l'autre; ils se regardoient; mais avec des regards que je n'ai encore vûs qu'à eux, & que nous n'avons point ensemble vous & moi. Quelques momens de silence succédoient à leur ramage, & ils recommençoient bientôt à chanter, ou plutôt à se répondre avec une vivacité, avec une ardeur...... Vous riez?

LA FÉE.

Sans doute. Car enfin, pour se répondre, il faut s'entendre.

LUCINDE.

Je crois bien aussi qu'ils s'entendoient.

LA FÉE.

Eh! croyez-vous aussi que votre clavessin ou votre basse de viole vous entendent, vous répondent, & sont sensibles aux doux accens de votre voix, lorsqu'ils s'accordent si juste aux tons que vous prenez?

LUCINDE.

Belle comparaison! ce sont des machines.

LA FÉE.

Ne vous ai-je pas dit cent fois que vos oiseaux sont de pures machines, mais mieux organisées, parce que la nature, toujours plus industrieuse, toujours plus sçavante, & toujours supérieure à l'art, en a composé & arrangé elle-même les ressorts?

LUCINDE.

Répétez-le moi encore mille fois, ma Bonne, & je n'en croirai rien. Un sentiment intérieur qui m'a saisi à la vûe de ces deux oiseaux, répugne à ce que vous me dites ; car enfin, si j'avois pû les attraper, je les aurois caressés, baisés, flatés de la main ; je les aurois mis ensemble dans mon appartement, & j'eusse été fort attentive à tous leurs besoins : au lieu qu'en vérité je n'ai jamais pensé à ma viole ou mon clavessin, ni à regarder si ma guittarre avoit froid ou chaud.

LA FÉE.

A part.

Il faut l'étonner par un nouveau trait de mon art.

Haut.

Lucinde, regardez ces Statues ; examinez-les bien ; touchez-les ; elles sont de marbre ; & vous ne croyez pas sans doute qu'elles soient sensibles : cependant je vais faire jouer certains ressorts qui produiront les mêmes mouvemens que vous admirez dans vos oiseaux, & qui vous font croire qu'ils sentent & qu'ils pensent.

La Fée touche de sa baguette trois Statues ; celle du milieu commence une entrée par des mouvemens de surprise & d'admiration, & forme ses pas sur une Sarabande jouée par les deux autres Statues, dont l'une tient un violon & l'autre une flûte

Allemande : après la ſarabande, toute l'Orcheſtre en ſourdine ſe joint à la flûte & au violon, & joue un air gai & coulé, ſur lequel la Statue s'anime par dégrès & danſe enſuite un tambourin, par lequel l'entrée finit. Pendant ce divertiſſement Lucinde baiſſe les yeux & paroît triſte.

Qu'avez-vous, Lucinde? Quelle ſombre triſteſſe vous a ſaiſie tout-à-coup ? Il ſembleroit que ce petit divertiſſement vous fait de la peine?

LUCINDE.

Il m'en fait ſans doute : il confond & détruit des idées où je m'entretenois avec plaiſir..... Ah! mes pauvres petits oiſeaux, n'êtes-vous donc que des machines? Je m'imaginois que vous étiez ſenſibles, & que vous goûtiez une ſatisfaction infinie à vous trouver enſemble, le jour ſur une même branche, & la nuit au fond de quelque arbre creux.

A la Fée.

J'arrangeois enſuite dans ma tête une foule de réflexions. La nature, diſois-je, pour ménager des plaiſirs à ces oiſeaux, leur inſpire une union ſi tendre. Elle n'aura pas été moins bonne à mon égard, & il y a ſans doute quelque Etre de mon eſpéce avec qui je ſuis deſtinée à vivre, comme ces oiſeaux vivent enſemble.... Vous le ſçavez, dites-le moi, ma Bonne; qui peut être venu me baiſer la main tandis que je dormois.

LA FÉE, *riant.*

Je ſoupçonne..... un jeune homme dont je

crois avoir apperçu les traces, & qui rode depuis ce matin autour du Palais. Il sera d'abord accouru à vous comme à un Etre de son espéce ; mais vos regards, en vous éveillant, l'ont mis en fuite.

LUCINDE.

Un jeune homme ! .... Les hommes sont-ils aussi des machines ?

LA FÉE.

Oui ; mais plus parfaites & plus achevées que votre singe même, à qui vous croyez tant d'esprit. Leur couleur est ordinairement blanche, & ils ont la taille de ces statues. J'en avois autrefois ici quelques-uns ; mais ils ont tant de défauts, que je m'en suis dégoûtée.

LUCINDE.

Les oiseaux chantent, ces statues dansent ; mon clavessin rend des sons, & ma pendule indique l'heure qu'il est ; que font les hommes ?

LA FÉE.

Ils sont divisés en plusieurs espéces. Ceux qu'on appelle Guerriers, & qui plaisent le plus à l'apparence, s'assemblent par milliers dans une plaine ; ils ont de longs couteaux bien tranchans, & de petits globes de fer, où ils renferment du feu ; ensuite ils se précipitent les uns sur les autres, s'égorgent, se taillent en piéces....

LUCINDE.

Cela est horrible ! oh ! ce sont des machines ; il n'y a point de raison à tout ce carnage-là :

cependant je ne serois pas fâchée de voir un homme, si je ne craignois sa fureur & sa méchanceté.

LA FÉE.

Vous n'avez rien à craindre ; nous sommes femmes, tout fléchit devant nous ; ces hommes si furieux entr'eux, rampent à nos pieds ; nous portons dans les yeux un caractere qui les adoucit ; cet aiman les attache & les plie à tous nos mouvemens ; ils les imitent, & y sont asservis à peu pres comme cette figure qui s'offre à vous dans un miroir.

LUCINDE.

Mais cette figure est la mienne.

LA FÉE.

Et cependant n'est pas vous. Les hommes aussi, sans être nous, deviennent d'autres nous-mêmes, se transforment dans nos sentimens, & prennent toutes nos passions.

LUCINDE.

Ma Bonne, tâchez de me faire voir celui qui est venu me baiser la main, tandis que je dormois.

LA FÉE.

Si vous ne l'avez point trop effarouché, il est peut-être encore autour de ce Palais : je vais le chercher auparavant qu'il s'éloigne.

LUCINDE.

Allez vîte ; j'attends votre retour avec impatience.

SCENE III.

LUCINDE *ſeule.*

ELLE rit... de mon impatience ſans doute!... elle a raiſon. Réellement ma curioſité va juſqu'à l'émotion. Il me paſſe dans la tête des chimeres & des illuſions qui ſemblent être approuvées par mon cœur. Un homme..... Eh bien! un homme?.... Oh! je veux.... je veux jouer un air ſur mon claveſſin.

Elle va à ſon claveſſin, & revient auſſi-tôt.

Je fais une réflexion; je ſuis une étourdie; je devois accompagner Souveraine; elle auroit guêté de ſon côté, & moi du mien; & s'il avoit paru, nous nous ſerions doucement.... doucement rapprochées, & nous l'aurions pris.

Elle retourne encore à ſon claveſſin, & revient auſſi-tôt.

Quel cruel ſoupçon vient m'agiter? Pourquoi ne m'a-t'elle point propoſé d'aller avec elle? Car enfin nous nous ſerions aidées l'une à l'autre: elle a dû le penſer,..... quand elle a dit que les hommes avoient tant de défauts qu'elle s'en étoit dégoûtée; je me ſuis apperçue qu'elle ſourioit, & ne diſoit pas ce qu'elle penſoit..... Ne voudroit-elle point encore garder celui-ci pour elle, & me le cacher comme les autres?.... Oh! ne ſoyons pas ſa dupe ; allons la joindre avant qu'elle ait le tems....

Voulant ſortir, elle apperçoit la Fée qui entre.

SCENE IV.

LA FÉE, ALCINDOR, LUCINDE.

LUCINDE.

Ah ! vous voilà ! Eh bien ! eſt-il pris ?

LA FÉE.

Oui ; & je n'ai pas eu de peine à l'amener.

LUCINDE.

Où eſt-il donc ?

LA FÉE.

Il me ſuivoit.

LUCINDE.

Oh ! vous l'aurez laiſſé échapper.

Elle court au fond du Théâtre, & apperçoit Alcindor.

Ah !... ma Bonne !... mais... comment ?... en vérité... oui....

LA FÉE *la contrefaiſant.*

Ah !... ma Bonne !... mais... comment ?... en vérité.... oui.... Que voulez-vous dire ?

LUCINDE.

Je ne ſçais : vous m'avez jetté un regard qui m'a tout-à-fait embarraſſée.

LA FÉE.

Moi, je vous ai jetté un regard ? vous ne vous en feriez pas apperçue ; vous n'ôtez pas la vûe de deſſus lui.

LUCINDE.

Il eſt auſſi grand que moi ! Comme il me regarde ! Ses yeux ſont doux & gracieux ! Oh ! je ſuis perſuadée qu'il n'eſt pas de ces furieux qui ſe battent & ſe déchirent. Je le retiens pour moi.

LA FÉE.

Je vous le céde volontiers.

LUCINDE.

Il faut lui donner un nom. Comment l'appellerons-nous ?

LA FÉE.

Comme vous voudrez.

LUCINDE.

Charmant.

LA FÉE.

Charmant, ſoit. Mais laiſſons pour quelques momens Monſieur Charmant ; & allons conſidérer un phénomène que je viens d'appercevoir au coucher du Soleil.

LUCINDE.

Ma Bonne ! j'ai tant vû le Soleil....

LA FÉE.

LA FÉE.

Mais vous n'avez pas vû ce phénomène, & nous raisonnerons ensemble.....

LUCINDE.

En vérité, Madame, je raisonnerois fort mal.

LA FÉE.

En vérité, Mademoiselle, restez avec votre Charmant; je ne veux point vous gêner; il faut espérer que cette fantaisie vous passera comme bien d'autres.

SCENE V.

LUCINDE, ALCINDOR.

LUCINDE *regardant sortir la Fée.*

ELLE sort! tant mieux. Sa présence m'embarrassoit. Son esprit est aujourd'hui monté sur un ton raisonnable qui m'ennuye beaucoup.

Considérant Alcindor.

Les beaux cheveux! Qu'il porte bien la tête! Sa taille est parfaite! Il semble à mon cœur qu'il trouve enfin l'objet qu'il cherchoit, & que des idées confuses lui traçoient il y a long-tems.

Contrefaisant la Fée.

Cette fantaisie vous passera comme bien d'autres!

S'approchant d'Alcindor.

Non, Charmant, je vous chérirai toujours. Fantaisie ! quel terme ! il sembleroit encore que ce n'est que quelques oiseaux qui m'occupent : ah ! quelle différence, & que je la sens bien !

Elle prend un tabouret, & s'assied.

Venez Charmant...... Il vient ! il se met à mes genoux ! Oh ! cela est trop aimable.

Tandis qu'Alcindor est à ses genoux, elle le regarde, & lui attache au col un ruban fort long, & s'entortille le bras du reste.

J'entends du bruit, seroit-ce déja Souveraine ?

Elle se leve, & court où elle croit entendre du bruit, tenant Alcindor en lesse.

Elle ne vient pas ; je me trompois. Elle est attachée à considérer son nouveau phénomène. Puisse-t'elle y rester jusqu'à ce que j'aille la chercher !

Elle va chercher un autre tabouret, le place auprès du sien, & fait signe à Alcindor de s'y asseoïr.

Charmant, placez-vous là..... Comment,... il ne veut pas s'asseoir ! Il se remet à mes genoux !... Charmant, oui, vous êtes charmant. Je vous ai bien nommé..... Vous me charmez..... Vous m'enchantez..... Hélas ! le plaisir que j'ai à le voir, séduit ma raison ; je lui parle comme s'il pouvoit m'entendre & me répondre..... Je me plais dans cette illusion..... Je ne sçais presque où je ſuis.... Je ſoupire.... Un trouble, un déſordre agréable s'empare de mes ſens, & répand dans mon cœur une joie ſecrette,.... une agitation,... une douceur qui juſqu'à préſent m'a été inconnue..... Donnez la main, Charmant.... En vérité, le cœur lui bat comme à moi.

Elle ſe leve.

ALCINDOR *dit à part en ſe levant auſſi, & allant à l'autre bord du théâtre.*

Je n'y puis plus tenir; cette ſituation eſt trop critique pour un Amant.

SCENE VI.

LA FÉE, ALCINDOR, LUCINDE.

LA FÉE, *à part en entrant.*

Je reviens; j'ai peur que mon étourdi n'ait oublié qu'il doit être ſourd, muet & inſenſible.

LUCINDE, *courant à la Fée.*

Ma Bonne, accordez-moi une grace.

LA FÉE.

Quelle grace?

LUCINDE.

Ah! ma chere bonne, animez Charmant. Faites qu'il puiſſe penſer, me parler, m'entendre & me répondre.

LA FÉE.

Vous demandez l'impoſſible.

LUCINDE.

L'impoſſible, Madame?

LA FÉE.

Oui, l'impoſſible, Lucinde.

LUCINDE.

Vous me déſeſpérez.

LA FÉE.

Faut-il encore vous repéter que ces Etres qui vous amuſent, peuvent bien, par la liaiſon de leurs reſſorts, imiter quelques-unes de nos actions, mais que ces reſſorts, de quelque façon qu'on les arrange, ne peuvent jamais produire une penſée?

LUCINDE, *d'un ton piqué.*

Je vous entends, Madame, je vous entends. Je pénétre fort bien dans vos idées.

LA FÉE.

Et qu'y voyez-vous?

LUCINDE, *avec beaucoup de vivacité.*

J'y vois, Madame, que vous êtes très-ſçavante; que vous voudriez que je devinſſe une Philoſophe comme vous, pour avoir toujours quelqu'un avec qui raiſonner, & que vous ne jugez pas à propos d'animer Charmant, parce que vous croyez que ſi nous pouvions nous entretenir enſemble, nous ſerions uniquement occupés du plaiſir de nous voir & de nous aimer, & nous

nous ſoucierions fort peu de nous rendre dignes de vos ſublimes entretiens. Eh bien! Madame, une juſte colére me ſaiſit. Je vous déclare que je ſuis une ignorante, que je la ſerai toujours; que j'ai la ſcience en horreur, & que je vais à l'inſtant briſer & mettre en piéces tous ces inſtrumens de Philoſophie, qui me paroiſſent des meubles très-ridicules dans mon appartement.

SCENE VII.

LA FÉE, ALCINDOR.

ALCINDOR *regardant ſortir Lucinde.*

ADIEU les globes, les ſphéres & les mappemondes. Cet emportement n'eſt-il pas charmant?

LA FÉE.

Il eſt plaiſant, du moins : elle eſt auſſi vive que vous, mon fils.

ALCINDOR.

Je l'en aimerai davantage. Un ſentiment tendre, vivement exprimé, fait les délices du cœur. Mais je vous dirai, Madame, que vous êtes arrivée fort à propos; je n'étois plus mon maître; j'allois parler....

LA FÉE.

Et l'Oracle?

ALCINDOR.

L'Oracle ? J'avois la vûe troublée, & ne voyois plus que Lucinde. Prévenu, flatté, caressé par ses beaux yeux, j'ai long-tems baissé les miens, je me mordois les lévres, toute ma personne m'embarrassoit. Ah ! Madame, qu'une bouche & des yeux sont à charge, lorsqu'il faut les tenir inutiles avec ce que l'on aime !

LA FÉE.

Il faudra cependant bien vous contraindre encore quelque tems. Peut-être que les sentimens que Lucinde vous marque, ne sont point de l'amour, mais de purs mouvemens d'un caprice & d'une curiosité vive pour un objet nouveau. Il est donc de la prudence d'examiner pendant sept ou huit jours....

ALCINDOR.

Sept ou huit jours !

LA FÉE.

Oui, mon fils.

ALCINDOR.

Sept ou huit jours ! mais, mais.... mais.... Madame, pensez-vous à la situation ? Pensez-vous que, dans son appartement, à la promenade, au fond d'un bosquet, Lucinde voudra m'avoir toujours avec elle, & que, semblable au mouton chéri d'une Bergere innocente, je serai caressé à tous les momens du jour ? Et vous voulez.....

LA FÉE.

Je veux que le mouton soit sage.

ALCINDOR.

Dites plutôt, me faire souffrir un genre de tourment tout nouveau, & qui est en vérité trop au-dessus de mes forces.

LA FÉE.

Eh ! comment font de jeunes filles qui, pendant des mois entiers, résistent à leur penchant, cachent leur amour, & paroissent non-seulement insensibles, mais même cruelles à un Amant qui leur plaît ?

ALCINDOR.

Oh ! je ne suis ni fille ni statue, & je vais le déclarer à Lucinde.

LA FÉE.

De grace, mon fils, différez encore quelques momens ; laissez-moi faire subir à son cœur un nouvel examen ; & ne risquez pas de vous découvrir mal-à-propos, puisque le bonheur de votre vie en dépend.

SCENE VIII.

LUCINDE, LA FÉE, ALCINDOR.

LUCINDE.

Je viens de briser le Zodiaque & les Poles, & de jetter par les fenêtres le globe de l'Univers.

LA FÉE.

Vous êtes bien vive !

LUCINDE.

Et vous, bien cruelle ! Vous dites quelquefois que vous m'aimez, & cependant vous me refusez la seule chose qui peut me combler de joie, & me donner la satisfaction la plus sensible.

LA FÉE.

Pour vous prouver que je vais toujours au-devant de tout ce qui peut vous faire plaisir, je veux bien vous dire que votre Charmant étant parmi les hommes d'une espéce qu'on appelle Petits-Maîtres, il est impossible de le faire penser, & de lui inspirer la raison ; mais que d'ailleurs il ira, viendra, rira, pleurera, se jettera à vos genoux, paroîtra tendre, soumis, complaisant, amoureux, inquiet, & cela machinalement, comme tous ceux de son espéce.

LUCINDE.

Machinalement !

LA FÉE.

Il fera plus : il sifflera, fredonnera & chantera même certains airs & des paroles-...

LUCINDE, *avec transport.*

Ah ! faites qu'il chante, je vous prie.

LA FÉE.

Volontiers : mais songez toujours que ces perroquets n'ont qu'un jargon, une suite de mots & de lieux communs qu'ils prononcent au hazard, & qu'ils répétent à presque toutes les femmes indifféremment, & comme ils les ont appris.

LUCINDE.

Vous me l'avez déja dit. Vous m'impatientez. Faites-le donc chanter.

LA FÉE, *bas à Alcindor.*

Vous voyez le rôle que vous avez à jouer.

Haut.

Il faut préluder un moment, & l'exciter comme l'écho.

Elle chante.

Tout ce qui respire.....

ALCINDOR *paroît ébranlé, émû, & comme un homme qui se réveille.*

Il chante

Tout ce qui respire.....

LUCINDE.

Ah ! ma Bonne !

ALCINDOR *chante.*

Reconnoît l'empire
Du charmant amour.

LUCINDE.

Le son de sa voix pénétre jusqu'au cœur !

ALCINDOR *chante.*

Je perds le souvenir d'un Oracle odieux....

LUCINDE.

Quel Oracle ? Que veut-il dire ?

LA FÉE.

Avez-vous déja oublié que l'oiseau Petit-

Maître répéte au hazard, sans sentiment & sans raison, ce qu'il a entendu chanter?

LUCINDE, *d'un ton piqué.*

Oui, Madame, je l'avois presque oublié : mais vous auriez été bien fâchée de ne m'en pas faire ressouvenir. Eh bien?

LA FÉE.

Eh bien?

LUCINDE.

Pourquoi ne chante-t'il plus?

LA FÉE.

Parce qu'apparemment on ne lui en a pas appris davantage. Il me semble que vous devez être bien contente ; & je suis sûre que votre perroquet ne vous en a jamais tant dit.

LUCINDE.

Mon perroquet! toujours mon perroquet! Vous ne faites ces comparaisons que pour tâcher de donner du ridicule au penchant qu'il m'inspire.

LA FÉE.

Et vous, Mademoiselle, vous ne faites que gronder. Vous avez bien de l'humeur aujourd'hui.

LUCINDE.

Qui n'en auroit pas? car enfin, regardez-le, regardez-le bien. N'est-il pas cruel qu'il ne puisse connoître combien je l'aime?

ALCINDOR *bas à la Fée qui lui ferme la bouche, lui fait des signes, & le retient pendant cette scene.*

L'Oracle est accompli, je veux répondre.

LUCINDE.

Que son insensibilité m'affligera de fois dans le jour !

LA FÉE.

Il est vrai, croyez-moi, chassez-le de ces lieux & de votre souvenir.

LUCINDE.

Le chasser ! chasser Charmant ! me priver de sa vûe ! ô Ciel !

LA FÉE.

Eh bien ! qu'il reste donc ; & amusez-vous à lui apprendre des vers & des chansons que vous lui ferez répéter tant que les jours dureront.

LUCINDE.

Vous avez raison ; & je veux tout-à-l'heure lui donner la premiere leçon. Voyons, Charmant, si vous prononcerez bien mon nom. Lucinde !...

ALCINDOR.

Lucinde !

LUCINDE.

Ma chere Lucinde !

ALCINDOR.

Ma chere Lucinde !

LUCINDE.

Je vous aime.

ALCINDOR *se débarrassant de la Fée qui veut encore l'arrêter, & se jettant aux genoux de Lucinde.*

Oui, je vous aime, je vous adore. Il n'est

point de termes qui puissent exprimer mon amour. Lucinde ! .... ma charmante Lucinde ! ..... que de choses à dire ! & cependant je ne puis que dire mille fois, je vous aime.

LUCINDE.

Ah ! ma Bonne, il parle tout seul ! ce ne sont point là des chansons !

LA FÉE.

Vous voyez que votre premiere leçon l'a bien avancé.

ALCINDOR.

Ne cherchez point, Madame, à prolonger son erreur. L'Oracle est accompli ; & je puis enfin lui montrer toute la reconnoissance & tout l'amour dont mon cœur est pénétré.

LUCINDE.

Vous avez donc un cœur tendre & reconnoissant ? Pourquoi me le cachiez-vous ?

ALCINDOR.

Forcé par un Oracle funeste, il falloit que je parusse insensible. Me reprocheriez-vous l'erreur où je vous ai jettée, lorsque l'intérêt de mon amour m'en faisoit une nécessité ?

LUCINDE.

Ah ! puis-je vous la reprocher, lorsqu'elle n'a servi qu'à faire mieux éclater mes sentimens pour vous ?

ALCINDOR.

Ma chere Maîtresse !

LUCINDE.

Levez-vous.

LA FÉE.

Allons, mes enfans, l'Oracle eſt accompli : qu'un heureux hymen vous uniſſe : je vais vous tranſporter au milieu d'un Peuple dont la politeſſe, le goût & la gloire font l'émulation de toutes les autres Nations. Après avoir été amant, ſourd, muet & inſenſible, ſoyez-y, Alcindor, époux empreſſé, tendre & complaiſant ; ce ſera le contraſte des mœurs du tems.

DIVERTISSEMENT.

RÉtenez bien, jeunes A- mans, Ces regles

in-failli- bles : Si vous vou- lez ê- tre char-

mans, Paroiſſez, pendant quelque tems, Sourds,

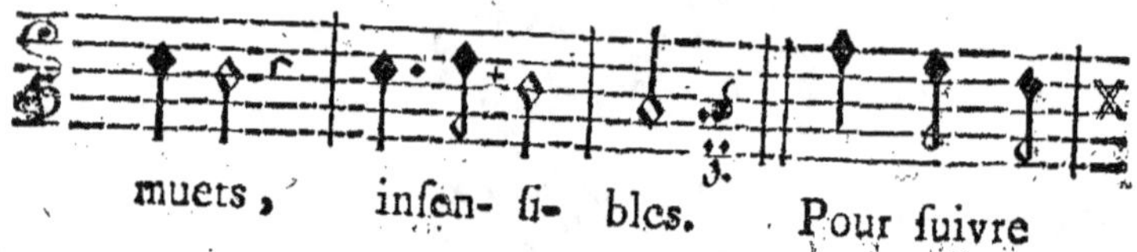

muets, inſen- ſi- bles. Pour ſuivre

ces ſa- ges dé- crets, Il n'eſt pas beſoin

des ap- prêts De la Fée- rie & du Mi- racle.

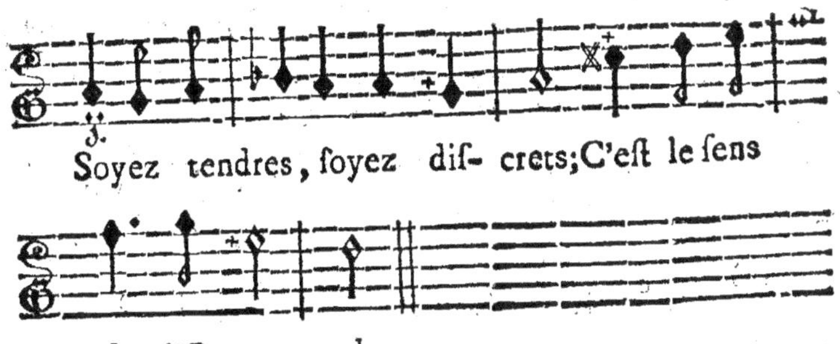

Retenez bien jeunes Amans
Ces regles infaillibles :
Si vous voulez être charmans,
Paroiſſez, pendant quelque tems,
Sourds, muets, inſenſibles.
Lorſque, pour des yeux inquiets,
Vos mouvemens les plus ſecrets
Deviendront le plus doux ſpectacle,
Alors ceſſez d'être muets;
C'eſt le ſens de l'Oracle.

L'Amour vous tend, objets charmans,
Des piéges inviſibles :
Pour fuir les perfides Amans,
Paroiſſez à tous leurs ſermens
Sourds, muets, inſenſibles.
Mais, après ces ſages combats,
Aux cœurs tendres & délicats
N'oppoſez point d'injuſte obſtacle :
Eprouvez, ne rebutez pas;
C'eſt le ſens de l'Oracle.

AUTRE.

DAns ce Tableau, c'eſt la Na- tu-re
Que l'on voit briller toute pure;
L'Art ſi ca- che ſi bien qu'on ne le
connoit pas. Tout Pa- ris en eſt Ido-
lâtre, Et, pour rem- plir Loge & Thé-
â- tre, Cet O- racle eſt plus ſûr
que celui de Cal- chas.

J'entends certain Auteur caustique,
Qui d'être connoisseur se pique,
Décocher quelques traits dont on fait peu de cas.
J'ignore quel Démon l'inspire;
Mais jamais il ne pourra dire :
Cet Oracle, &c.

Plaideur qu'une longue chicane
A d'éternels ennuis condamne,
A quoi bon consulter les meilleurs Avocats?
Prends aimable solliciteuse,
Ton affaire n'est pas douteuse;
Cet Oracle, &c.

Barbon qui, d'une humeur jalouse,
Sous la clef tenez jeune Epouse,
Malgré tous vos verroux & tous vos cadenats,
L'Amour, en prenant ses mesures,
Aura la clef de vos serrures :
Cet Oracle, &c.

Quel Dieu préside à cette table!
Mets exquis, boisson délectable;
Un Gascon par sa voix fait l'honneur du repas.
Quelle dépense! elle m'effraye;
Ce n'est pas le Gascon qui paye :
Cet Oracle, &c.

Griffon, sans nulle inquiétude,
Prend jeune Clerc dans son Etude;
Mais sa femme est sujette à faire des faux pas.
Jeune apprentif, quel qu'il puisse être,
En amour vaut mieux que son maître:
Cet Oracle, &c.

Nos jeux, infaillible Parterre,
Quand vous leur déclarez la guerre,
Pour les vrais connoisseurs sont toujours sans appas;
Mais dès qu'ils ont votre suffrage,
Quel succès! quel heureux présage!
Votre Oracle est plus sûr que celui de Calchas.

FIN.

APPROBATION.

J'AI lû par ordre de Monseigneur le Vice-Chancelier, *l'Oracle*; Piece digne de son Auteur. A Paris ce 4 Juin 1764. MARIN.

Le Privilége & l'Enregistrement se trouvent au nouveau Théâtre François & Italien.

www.ingramcontent.com/pod-product-compliance
Lightning Source LLC
LaVergne TN
LVHW021642170726
843501LV00007B/2366

* 9 7 8 2 3 2 9 6 4 4 6 9 1 *